Cementerios de dinosaurios en Europa

Grace Hansen

Abdo
CEMENTERIOS DE DINOSAURIOS
Kids

Abdo Kids Jumbo es una subdivisión de Abdo Kids
abdobooks.com

abdobooks.com

Published by Abdo Kids, a division of ABDO, P.O. Box 398166, Minneapolis, Minnesota 55439.

Abdo Kids Jumbo™ is a trademark and logo of Abdo Kids.

Printed in the United States of America, North Mankato, Minnesota.

052022

092022

Spanish Translator: Maria Puchol

Photo Credits: Alamy, Getty Images, iStock, Science Source, Shutterstock, ©Ghedoghedo p13 / CC BY-SA 3.0

Production Contributors: Teddy Borth, Jennie Forsberg, Grace Hansen
Design Contributors: Candice Keimig, Pakou Moua

Library of Congress Control Number: 2021951647

Publisher's Cataloging-in-Publication Data

Names: Hansen, Grace, author.

Title: Cementerios de dinosaurios en Europa/ by Grace Hansen.

Other title: Dinosaur graveyards in Europe. Spanish

Description: Minneapolis, Minnesota: Abdo Kids, 2023. | Series: Cementerios de dinosaurios

Identifiers: ISBN 9781098263454 (lib.bdg.) | ISBN 9781098264017 (ebook)

Subjects: LCSH: Dinosaurs--Juvenile literature. | Fossils--Juvenile literature. | Europe--Juvenile literature. | Paleontology--Juvenile literature | Paleontological excavations--Juvenile literature. | Spanish language materials--Juvenile literature.

Classification: DDC 567--dc23

Contenido

Dinosaurios de Europa

Los dinosaurios vivieron hace aproximadamente entre 245 y 66 millones de años. Tras la muerte de un dinosaurio sus restos podían convertirse en fósiles. ¡En perfectas condiciones este proceso tarda más de 10 000 años!

Hay fósiles de dinosaurios en todos los continentes, incluida Europa. Se encuentran normalmente en **formaciones rocosas**. ¡Algunas formaciones conservan más fósiles que otras!

Europa
Asia
África
N
S
E
W
huellas de suarópodo en
Asturias, España

Formación Suntel

En Alemania, en la formación Suntel, se encontró un pequeño saurópodo. Es muy probable que viviera en una isla. En esa isla no podían convivir grandes **herbívoros**.

Europasaurus

- Saurópodo
- Finales del Jurásico
- Herbívoro
- Igual de largo que dos coches Mini Cooper

fósil de Europasaurus

Formación *Argiles et Grés à Reptiles*

Esta formación en Francia tiene muchos fósiles de finales del período Cretácico. Aquí se han desenterrado **carnívoros** de todos los tamaños.

Variraptor

- Terópodo
- Finales del Cretácico
- Carnívoro
- Tan largo como un colchón doble

Arcovenator

- Terópodo
- Finales del Cretácico
- Carnívoro
- Igual de largo que dos coches Mini Cooper

En esta formación estaban enterrados muchos fósiles de Rhabdodon. Probablemente era un **herbívoro** común en la Europa de aquella época.

restos de pie de
Rhabdodon
Rhabdodon
• Ornitópodo
• Finales del
Cretácico
• Herbívoro

Formación Calizas de La Huérguina

Esta formación en España es conocida por tener dinosaurios muy especiales. ¡El Concavenator tenía una gran joroba en la espalda!

Concavenator

- Terópodo
- Principios del Cretácico
- Carnívoro
- Con dos vértebras muy altas

fósil de Concavenator

En 1993 se encontró por primera vez un terópodo con forma de ave. Entre los fósiles que descubrieron tiempo después se encontró un cráneo con 220 dientes. Algo poco común para ese tipo de dinosaurios.

Pelecanimimus

- Teróopodo
- Principios del Cretácico
- Probablemente comía pescado y animales acuáticos

La Costa del Jurásico

Esta costa en Inglaterra es sede de muchos descubrimientos famosos. La coleccionista de fósiles Mary Anning hizo grandes descubrimientos allí.

Dimorphodon

- Pterosaurio
- Jurásico
- Carnívoro
- Anning lo descubrió en 1828
- Conocido por tener dos tipos diferentes de dientes

Plesiosaurio

- Reptil marino
- Finales del Jurásico
- Se alimentaba de almejas, caracolas y pescado
- Anning descubrió en 1823 el esqueleto más completo de esta especie

El fósil de dinosaurio más completo de Inglaterra se descubrió en la Costa del Jurásico. Fue a su vez uno de los primeros esqueletos de dinosaurio encontrados completos.

Scelidosaurus

- Anquilosáurido or Estegosáurido (debatido)
- Principios del Jurásico
- Herbívoro
- Con placas óseas duras en la piel, llamadas escudos

Grupos principales de dinosaurios

Anquilosáuridos
- Cuadrúpedos
- Herbívoros
- Fuertemente acorazados
- Cuerpo con forma de tanque
- Algunos con cola de garrote

Ceratópsidos
- Cuadrúpedos
- Herbívoros
- Cuernos largos
- Picos puntiagudos
- De constitución fuerte
- Con enormes cráneos

Ornitisquios

Ornitópodos
- Bípedos
- Herbívoros
- Con pico
- Con muelas

Estegosáurido
- Cuadrúpedos
- Herbívoros
- Con cabeza pequeña
- Con placas óseas pesadas y púas en la columna y la cola

Saurópodos
- Cuadrúpedos
- Herbívoros
- Muy grandes
- Con cuello y cola largas
- Cabeza larga pequeña

Saurisquios

Terópodos
- Bípedos
- Carnívoros y omnívoros
- Variedad en tamaño: De pequeños y frágiles a muy grandes
- Con brazos cortos

Glosario

carnívoro - animal que se alimenta de otros animales.

formación rocosa - conjunto importante de rocas con unas características físicas que lo diferencian de otras formaciones cercanas.

herbívoro - animal que se alimenta únicamente de plantas.

omnívoro - animal que se alimenta de plantas y de otros animales.

Índice

¡Visita nuestra página **abdokids.com** para tener acceso a juegos, manualidades, videos y mucho más!

Los recursos de internet están en inglés.

Usa este código Abdo Kids

DDK9476

¡o escanea este código QR!